美育实践丛书

美育实践活动手册
第七册

深圳市龙华区民治中学教育集团　编

暨南大学出版社
JINAN UNIVERSITY PRESS

中国·广州

图书在版编目（CIP）数据

美育实践活动手册. 第七册 / 深圳市龙华区民治中学教育集团编. -- 广州 ： 暨南大学出版社，2024. 11.（美育实践丛书）. -- ISBN 978-7-5668-4064-6

Ⅰ. G634.950.3

中国国家版本馆 CIP 数据核字第 2024R5Y129 号

美育实践活动手册（第七册）

MEIYU SHIJIAN HUODONG SHOUCE（DI-QI CE）

编　者：深圳市龙华区民治中学教育集团

出 版 人：阳　翼

策　　划：周玉宏　武艳飞

责任编辑：武艳飞

责任校对：刘舜怡　陈慧妍

责任印制：周一丹　郑玉婷

出版发行：暨南大学出版社（511434）

电　　话：总编室（8620）31105261

　　　　　营销部（8620）37331682　37331689

传　　真：（8620）31105289（办公室）　37331684（营销部）

网　　址：http: //www. jnupress. com

排　　版：广州良弓广告有限公司

印　　刷：广州市金骏彩色印务有限公司

开　　本：787 mm × 1092 mm　1/16

印　　张：6.625

字　　数：119 千

版　　次：2024 年 11 月第 1 版

印　　次：2024 年 11 月第 1 次

定　　价：30.00 元

（暨大版图书如有印装质量问题，请与出版社总编室联系调换）

总 序

小小少儿郎，

背起书包上学堂。

花儿笑，

鸟儿唱，

夸我读书忙。

一首简短的儿歌，唤起我们多少美好的回忆，激起我们多少动情的联想。

在绿树成荫、花香四溢的校园里，和老师同学们一起读好书，那是多么幸福的时光。

好书是生活的伴侣，是攀登的阶梯，是前行的灯塔。

读好书，好读书，是人生一种美好的享受。

读书有三条路径，三条路径通向三重境界。

第一条，读纸面的书，读网络的书。

第二条，读社会的大书，读人生的大书。

第三条，用眼、用心、用行动，去审读，去体悟，去品鉴，去实践，去升华，去创造一本精美的人生之书。

这本书，有字无字，有声无声，有形无形，有涯无涯。它奥妙无穷，浩瀚无垠，囊括天地、宇宙、人生、过去、现在、未来，它是一本无与伦比的绝妙好书。

三条路径，三重境界，都指向美好的人生。我们提倡知行，并超越第一、二重境界，实践并飞渡第三重境界。那是一个美心、美德、美行、美我、美人、美众的大美境界。

　　你手中的这套"美育实践丛书"，就是引导我们进入第三重境界的新书、好书、奇妙之书。

　　这套"美育实践丛书"，核心是"美育"，关键是"实践"。"美育"强调"三自"：自主、自觉、自动地拥抱美；"实践"要求"三实"：扎实、踏实、真实地践行美。在实践中自我培育美感，在生活中共同参与审美，在一生中自觉实践、创造美好。通过实践，一起发现美、感知美、鉴赏美、升华美、创造美，一同达到美育活动的全新境界。

　　美在读书中，美在行动中，美在我们心中、手中，在我们日常的一言一行中，在我们人生不懈的追求中。美浸染着我们的生活，滋润着我们的心灵，塑造着我们的人格。实践吧！美，就是你、我、他，就是人生、社会、世界大家庭，就是人类大同，就是人类命运共同体。让我们以美为桥梁、为纽带，连接彼此，以美培元、以美润心、以美育德、以美启智，共同编织一个和谐而充满希望的明天！

　　　　　　　　　　　　　　　　　　　　　　　2024 年 8 月

CONTENTS

目 录

形态万千

感知形态，制作形态手册，养成健康审美意识

花样滑冰——双人滑

自由式滑雪

鹏鹏，2022 年的北京冬奥会你看了吗？奥运健儿们在赛场上的飒爽英姿，真的是太酷了！

我看了，我特别喜欢看自由式滑雪！他们不仅身姿矫健、神采奕奕，而且给人一种积极向上的感觉！

飒爽英姿

同学们，你还能用哪些词语来形容运动健儿们呢？请把你想到的词语，填写在横线上吧！

鹏鹏，我也想拥有运动健儿们那样阳光、健康的身姿形态，我们应该怎么做呢？

美美，首先你要了解自己的身体是否健康，BMI 值是身体质量指数，是国际常用的衡量人体肥胖程度以及是否健康的一个标准。测试方法也很简单，我们可以自行测试呢！

测一测

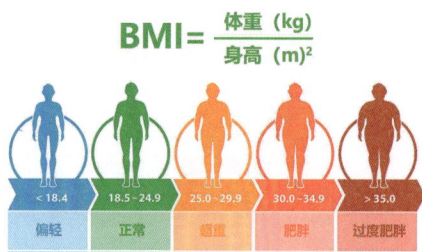

同学们，BMI 的计算公式为：$BMI = $ 体重（kg）/ 身高（m）^{2}。你的 BMI 指数达标了吗？它能代表我们怎样的形态？又体现了怎样的美呢？让我们带着疑惑一步步来解密吧！

猜一猜

美美的学校今天也进行了 BMI 值测试，根据下图你认为哪位同学能达标，说说理由。

我是全班最瘦的女生，我的BMI值一定达标。

小可

我爱锻炼，一定也能达标。

小华

我爱喝饮料，肚子有点大，能达标吗？

小龙

鹏鹏，我们小组的同学只有小华 BMI 值达标了，但女孩子都很羡慕的小可那么瘦，BMI 值却不达标，为什么呀？

美美，BMI 值主要反映的是我们的健康标准，太瘦不一定是健康的、美的。我们可以一起观察 BMI 值达标的人都有哪些特点，观察他们有怎样的形态美？

实践活动

"形态鉴赏官"：你可以测试身边人的 BMI 值，观察 BMI 值达标与不达标的形态区别，如果得到他人允许可以拍照记录下来。最后别忘记填写你的实践信息，整理出你观察到的标准形态都具有怎样的美。

小组成员：＿＿＿＿＿＿＿＿

被鉴赏人信息：＿＿＿＿＿＿

BMI 值：＿＿＿＿＿＿＿＿＿

被鉴赏人形态特点：

＿＿＿＿＿＿＿＿＿＿＿＿

＿＿＿＿＿＿＿＿＿＿＿＿

我认为的标准形态美：＿＿＿＿＿＿＿＿＿＿＿＿

美美，通过"形态鉴赏官"的实践，你发现了哪些形态美呀？

鹏鹏，我发现形态美不仅仅是用胖、瘦来衡量，他们的气质、神态、形象都给人一种美的感受。

填一填

让我们一起走进他们，感受他们的形态美。先自行填写你感受到的美，再分小组进行形态模仿大比拼。

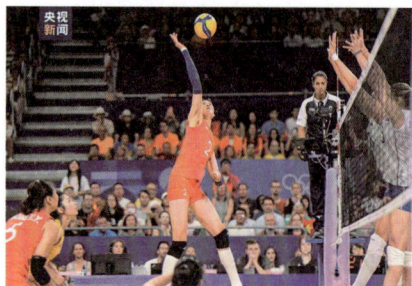

中国女排：

刚健与柔和并存的力量美；

奋勇拼搏、积极向上的精神美；

……

大学生国旗护卫队：

_____

_____

_____

舞者：

_____

_____

_____

鹏鹏，原来标准的形态美都有一个特点，就是他们体态匀称，给人很阳光、健康的感觉。

是的，美美，形态美首先是建立在健康的基础上的。

实践活动

男性和女性的形态有着不一样的美，我们要学会发现和尊重个体间的差异。同时，形态美也不应成为评价一个人的唯一标准。那么，作为形态鉴赏官的你，应如何看待男性和女性的健康形态美呢？

男性·健康形态美

女性·健康形态美

"站如松，坐如钟，行如风，卧如弓"，美的形态离不开形体健美的塑造，日常生活中的站姿、坐姿、走姿、卧姿对形态影响甚大，不良的行为习惯还会影响骨骼健康发展，形成扭曲、丑陋的形态。

站姿、坐姿、走姿、卧姿，原来形态美在我们日常生活中时时刻刻都存在。

鹏鹏，那什么样的姿态既健康又美丽呢？

选一选

选出你认为好的形态动作。

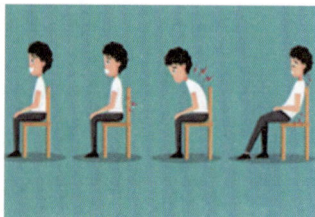

小讲坛

健康的体态既是良好的身体姿态，也是形态美的重要因素。主要包含以下四点：

1. 站姿：头颅、躯干、脚的纵轴在一条垂直线上，做到挺胸、收腹、梗颈，肩部自然下沉。

2. 坐姿：保持挺胸收腹，四肢摆放规矩、端正。

3. 走姿：躯干正直、平稳、柔和，不僵硬呆板，双臂自然下垂，摆动协调，膝关节正对前方，脚尖微微向外侧，落地时由脚后跟过渡到前脚掌，两脚后跟趋于一线，双腿交替前移时弯曲幅度不要太大，步伐稳健均匀。

4. 卧姿：侧卧是比较推荐的睡姿。侧卧时，可以在膝盖之间放一个枕头，以保持脊椎的自然曲线。如果有健康问题，可适当咨询医生。

鹏鹏，我发现自己好像也存在一些不良的行为习惯，这些习惯让我离健康形态美越来越远了。

美美，让我们给自己的身体做一次全面的形态诊断吧。我们只有发现自己的形态问题，才能积极改变。

形态诊断卡

站姿：_____

坐姿：_____

走姿：_____

卧姿：_____

BMI：_____

是否达标：□是　　□否

想一想

你知道哪些方法可以预防这些不良形态的出现？

_____

_____

_____

如果想要拥有健康且美丽的形态，我们需要有自律、自强、坚持不懈的精神。一个习惯的养成需要21天，让我们一起来打卡，完成自己的形态养成手册吧！

形态养成手册

站姿问题解决方法：_____

坐姿问题解决方法：_____

走姿问题解决方法：_____

卧姿问题解决方法：_____

天数	站姿	坐姿	走姿	卧姿
第1天				
第2天				
第3天				
第4天				
第5天				
……				
第21天				

寻找2~3位小伙伴一起来见证你的改变吧！并让他们为你的此次实践打分。

序号	姓名	关系	是否有显著变化（√/×）	是否完成手册（√/×）	实践打分
1					☆☆☆
2					☆☆☆
3					☆☆☆

自律使人进步！同学们，想必通过 21 天的形态养成手册打卡，你的形态发生了不小的变化。在这个过程中你发生了哪些变化，又有哪些小妙招呢？赶快记录下来吧！

我的形态健康美小妙招

打卡前

打卡后

打卡前后对比照片

形态小变化

_____

_____

形态健康美小妙招

_____

_____

_____

原来除了要有健康的形态美，我们还要养成健康的形态审美观！同学们，你们认为想要达到形态健康美还需要做到哪些？

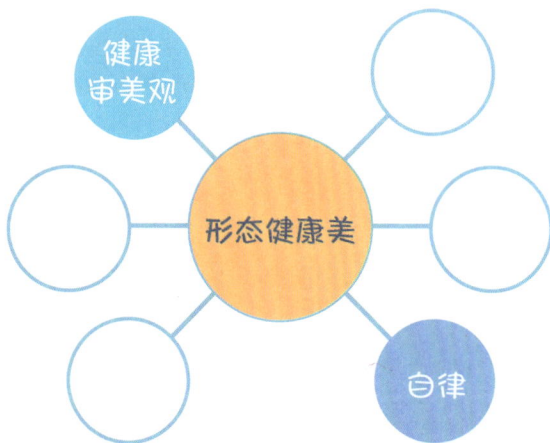

数字化美育实践基地

形态交流基地

通过这节形态健康美的发现、实践课，你是不是收获满满呀？那快进入我们的数字化美育实践基地，把你所学到的知识分享给大家吧！

同学们，除了分享自己的经验，你还可以在数字化美育实践基地报名参加"形态万千美专家"活动，勇敢向大家展示你养成健康形态美的经验，并为大家讲解更多的小妙招！快来参加吧！

深圳精神

开荒拓新　敢为人先

鹏鹏，在深圳市政府门前有这样一座雕塑——开荒牛，这是深圳的城市标志。你知道这是为何吗？

开荒牛也叫拓荒牛、开拓牛，它被誉为深圳这座城市的精神象征，因为在深圳实施的许多方针政策是具有开拓性的，所以从某种意义上说是一种"开荒"。而开荒牛在今天，被进一步概括为"开拓、创新、团结、奉献"八个字，并把"特区精神"扩大为"深圳精神"。开荒牛是深圳精神的象征，让深圳从小渔村发展成大都市的，正是深圳人那种敢为人先的"开荒"精神。

开荒牛不仅有向前冲的劲头！而且它的身上还彰显着深圳精神的丰厚内涵！我们一起来游览深圳、体验城市精神之美吧！

欢迎来到深圳改革开放展览馆！大潮起珠江，改革看深圳！

1987年深圳土地有偿使用的拍卖槌。

深圳证券交易所早期使用的开市钟。

20世纪90年代深圳证券交易所上市股票。

　　深圳改革开放展览馆长期展出"大潮起珠江·广东改革开放40周年展览"，该馆全面生动展示了在党中央坚强领导下广东改革开放40年波澜壮阔的发展历程和辉煌成就，改革开放的记忆、画面、载体以及其中蕴藏的特区精神都深深震撼着每一位观众。

深圳精神，美在敢为人先的魄力，美在开荒拓新的智慧！

"时间就是金钱，效率就是生命"这一口号也被誉为"冲破思想禁锢的第一声春雷"！人们越来越认识到，寻求经济社会的全面发展，必须解放思想、实事求是！这一口号也是深圳精神的真实写照。

图为20世纪80年代购物商场一角，当时的珠三角产品已经走向全国。如今的商场不仅商品丰富、功能多样，而且与交通枢纽相结合，管理理念更为先进。

图为几十年前的乡村企业生产车间，如今的深圳有着世界顶尖的制造企业、科技公司，例如＿＿＿＿＿、＿＿＿＿＿、＿＿＿＿＿。

图为深圳特区创建初期人们使用的手摇式电话机，如今深圳的通信产业十分先进，有很多创新的科研成果，例如＿＿＿＿＿、＿＿＿＿＿、＿＿＿＿＿＿。

（深圳改革开放展览馆部分图片由雷碧云老师拍摄）

深圳精神体现在方方面面，魄力与勇敢兼备，传承与创新并存！

深圳精神，美在思想，因为＿＿＿＿＿＿＿＿＿＿＿。

深圳精神，美在科技，因为＿＿＿＿＿＿＿＿＿＿＿。

深圳精神，美在＿＿＿，因为＿＿＿＿＿＿＿＿＿＿＿。

从名不见经传的小渔村，到金融科创中心、国际大都市，深圳是中国改革开放的缩影！

▼ 2024年，福田区深南大道中心区

我们一起来看看深圳 40 多年来的发展变化，和小伙伴们查阅资料后，填写在下面表格中！

领域	举例
科技创新	
城市建设	
文化教育	
经济增长	

深圳之美，美从何来？让我们一起来探究原因吧！

我们首先从地理位置方面看！深圳气候温暖，四季花开；毗邻香港，更为开放。

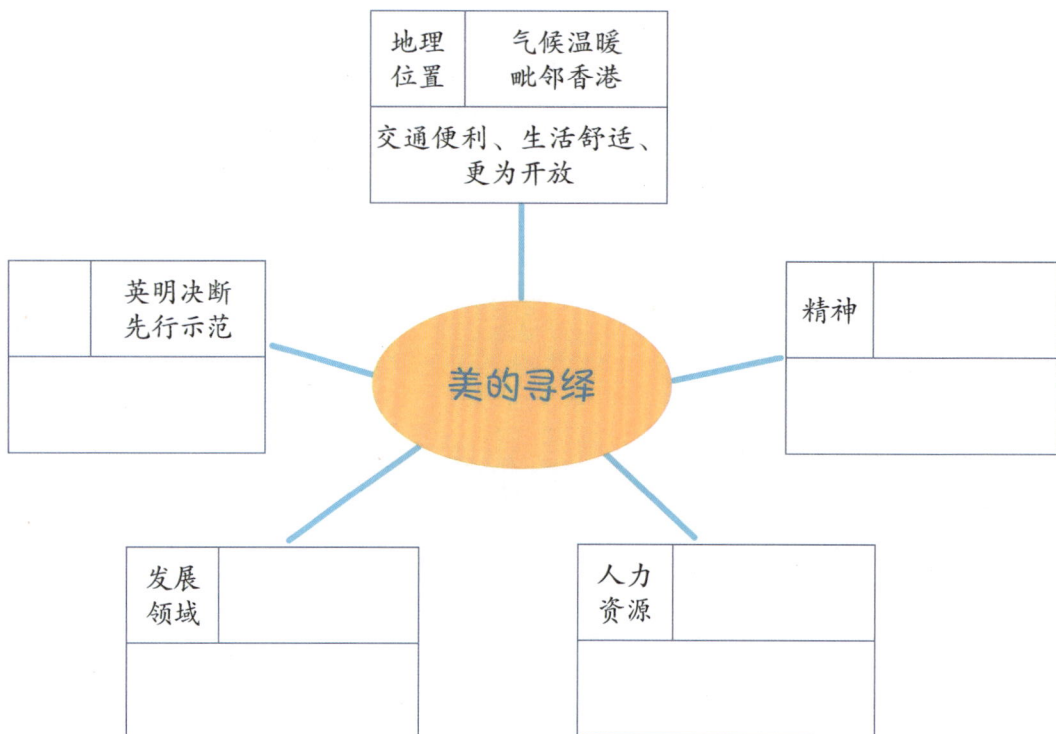

地理位置	气候温暖 毗邻香港
交通便利、生活舒适、更为开放	

英明决断 先行示范

精神

美的寻绎

发展领域

人力资源

城市精神的美，生长在历史的土壤中，植根在千千万万的奋斗者当中。

回顾改革开放的历程，习近平总书记曾说："一个时代有一个时代的问题，一代人有一代人的使命。虽然我们已走过万水千山，但仍需要不断跋山涉水。"深圳的发展需要一代又一代人来传承和奋斗。作为中学生的你有没有自己的理想职业，未来的你想为深圳的建设做出哪些贡献呢？结合自己的情况完成一份理想职业规划表。

理想职业规划表

第一部分：你觉得深圳的发展需要什么样的人才？

_____
_____

第二部分：你的特长是什么？（你可以发展哪些特长？）

_____
_____

第三部分：介绍你的理想职业：名称、任务和价值。

_____
_____

第四部分：这一职业会面对哪些挑战？你将如何应对？

_____
_____
_____

第五部分：当下的你还需要做哪些努力呢？

_____
_____
_____

同学们，在实践环节，我们要策划一场寻访深圳精神的游学项目。深圳有很多人文胜景，体现着城市精神内涵。例如，宝安区的深圳国际会展中心就很值得一观！

深圳国际会展中心为全球第一大会展中心，该建筑曾经创下多项全球之最。这里举办过多次国际大会，对于提升城市功能和形象、打造粤港澳大湾区核心区有着重要意义。

研学旅行，不同于走马观花的寻常浏览。既要浏览名胜、大饱眼福，也要深入文化、感受精神。例如，瞻仰邓小平塑像，是在提醒大家要记得改革开放的历史意义！而参观深圳国际会展中心，则是向我们诠释"从深圳看世界"的开放视野。

请大家查阅资料，看看还有哪些地方值得一去。

围绕着示例，请大家在表格中列出能够代表深圳精神的地标，并归纳其代表精神吧。

序号	区域	地标	代表精神
1	福田	莲花山邓小平塑像	开拓创新
2	宝安	深圳国际会展中心	开放包容

围绕着这些地标，同学们开始系统地规划本次游学活动……

我提议将游玩日期定在1月底，因为1984年1月底是邓小平爷爷第一次来到深圳特区的日子。

我也赞同1月底，虽然是冬天，但是深圳依然山明水净、春暖花开……

一次富有意义的研学活动还需要……

集思广益

时间	地点/活动	注意事项	精神追寻
第一天			
第二天			
第三天			
第四天			

数字化美育实践基地

鹏鹏，在自媒体时代，微博、抖音、哔哩哔哩等成为我们分享和宣传自己的平台。我们也开设一个账号吧，就叫"大美鹏程"怎么样？

这个主意很赞！其实我们的日常生活早就融入了深圳的城市节奏，不如我们将在深圳的见闻拍成短视频，从日常生活中发掘这个城市更多的美，我们的账号名改为"大美鹏城"，如何？

太棒了！你还有什么好的建议，快来分享给我们吧！一起把深圳的美告诉更多的人！

"大美鹏城"账号开始运营啦！

你选择的平台及ID：

第一期短视频情节设计：

第一期短视频素材库：

后期短视频合集主题策划：

基因魔剪

探基因奥秘，思科技之用

旅行者 1 号是美国国家航空航天局 1977 年发射的、人类第一台离开太阳系进入所谓"星球"空间的探测器，它被送往太空研究太阳系的外层和星际空间。

> 哇，鹏鹏，截至 2024 年，旅行者 1 号已经飞出大约 165 个日地距离了！

> 这还没有人体内的 DNA 长呢！

算一算

人体大概有 50 万亿（$5×10^{13}$）个细胞，一个细胞内的 DNA 长度约为 2 米。已知一个日地距离约为 1.5 亿千米，如果把人体细胞的 DNA 全部展开，其长度差不多是 340 个日地距离！

所以，如果将人体细胞的 DNA 拉直并拼接之后比旅行者 1 号的飞行距离还远很多！

鹏鹏，通过计算我们知道了人体内有这么长的DNA，那么人类是如何发现DNA的呢？

DNA的发现是一个长期且复杂的过程，涉及多位科学家的贡献，让我们一起来看看吧！

序号	名称	发现过程
1	早期观察	1674年，荷兰显微镜学家安东尼·范·列文虎克（Antonie van Leeuwenhoek）首次观察到了单细胞生物，这为后来细胞学和遗传学的发展奠定了基础
2	细胞核的发现	1831年，苏格兰植物学家罗伯特·布朗（Robert Brown）发现了细胞核，并注意到所有细胞中都存在这种结构，这引发了人们对细胞核功能的研究
3	染色体的发现	19世纪末，德国生物学家瓦尔特·弗莱明（Walther Flemming）观察到细胞分裂过程中染色体的行为，提出了遗传物质可能存在于染色体中
4	孟德尔遗传定律	1865年，格雷戈尔·孟德尔（Gregor Mendel）通过豌豆杂交实验，发现了遗传的基本规律，即孟德尔遗传定律，为遗传学奠定了基础
5	染色体理论	20世纪初，丹麦生物学家西奥多·博韦里（Theodor Boveri）和德国生物学家沃尔特·萨顿（Walter Sutton）独立提出了染色体理论，认为染色体携带遗传信息
6	DNA的化学结构	1919年，德国化学家菲利克斯·冯·哈特曼（Felix von Harnack）和美国化学家菲巴斯·利文（P. A. Levene）分别确定了DNA的化学组成，包括四种核苷酸
7	DNA双螺旋结构的发现	1953年，詹姆斯·沃森（James Watson）和弗朗西斯·克里克（Francis Crick）基于罗莎琳德·富兰克林（Rosalind Franklin）和莫里斯·威尔金斯（Maurice Wilkins）的X射线晶体学数据，提出了DNA的双螺旋结构模型
8	遗传密码的破译	1961年，马歇尔·尼伦伯格（Marshall Nirenberg）和马太（J.H. Matthaei）破译了第一个遗传密码，开启了对遗传密码和蛋白质合成机制的研究
9	基因编辑技术的发展	随着时间的推移，科学家们发展了多种基因编辑技术，如CRISPR-Cas9，这些技术使得我们能够更精确地修改DNA序列

带有遗传信息的 DNA 片段称为基因，你发现基因对人体的意义了吗？请简要记录在下面。

基因对人体的意义

原来DNA对人体这么重要,那么它长什么样子呢?

DNA的结构由两条反向平行的链组成,两条链互相绕成螺旋状。

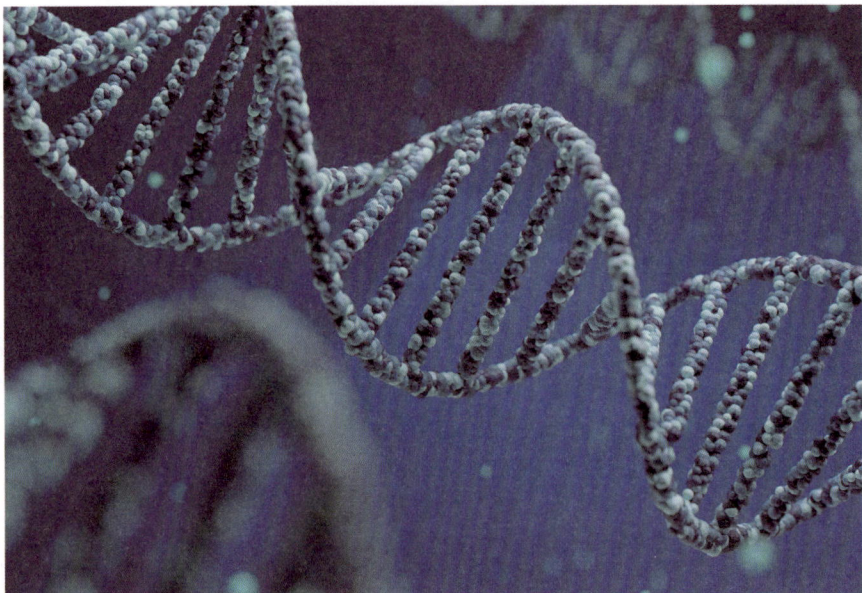

DNA双螺旋结构图

如果你对DNA还不够了解,可以通过查阅图书或上网搜索等方法,发现它的美,请简要记录在下面。

DNA之美	
造型美	两条脱氧核苷酸链围绕一个共同的中心轴盘绕,构成双螺旋结构
结构美	
功能美	
......	

鹏鹏，DNA 的结构真精美，可惜肉眼看不到。同学们应该怎样来研究它呢？

对于一些抽象、复杂的科学知识，同学们可以采用制作模型的方法进行研究。

小挑战

请同学们利用生活中的材料，制作基因模型，感受基因的造型美和结构美。

非转基因兰花

含有鸭拓草蓝色基因的转基因兰花

不含有花青素的非转基因番茄

含有花青素的转基因番茄

（引自《转基因紫色西红柿含花青素 可抗癌防糖尿病》，《南方农村报》，2014-01-26）

小发现

转基因食品一直争议不断，你能就其中的优势和劣势做个比较吗？请填写表格。

转基因食品	优势	劣势

在日常生活中，转基因技术还有哪些应用呢？

转因基技术	应用

一个生物科学的新纪元即将来临，请同学们好好思考：基因技术的新突破将对社会生活的各个方面产生什么样的影响？请将你们的答案填写在下面。

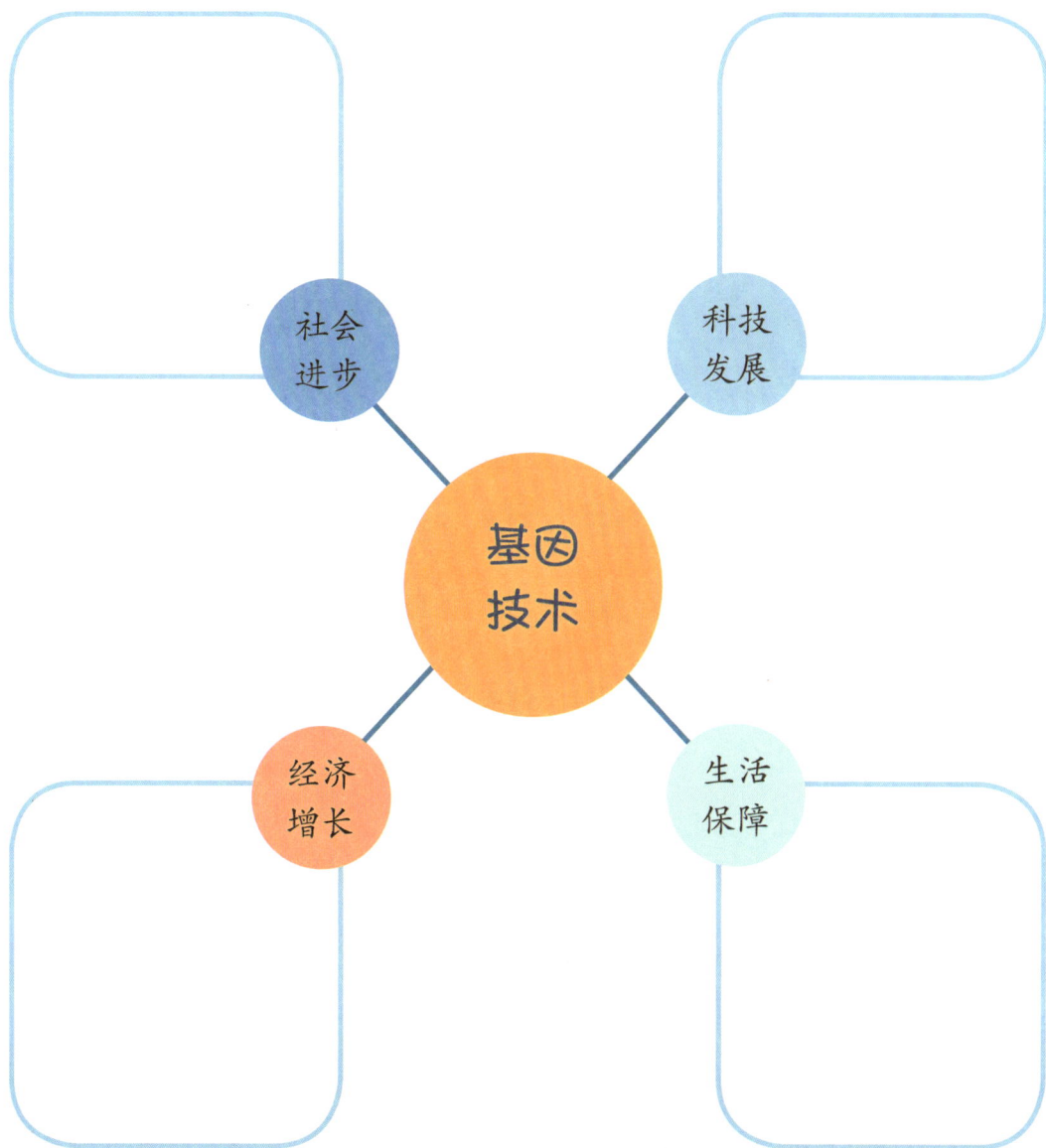

社会进步

科技发展

基因技术

经济增长

生活保障

请结合各国禁止基因编辑技术应用于人类的条例，和同学们进行一次辩论：基因编辑技术能否应用于人类？并将自己的主要论点记录在下表。

辩题：基因编辑技术能否应用于人类？

我的观点	我的理由

鹏鹏，我有一个朋友得了糖尿病，需要注射胰岛素，可是胰岛素是人体内产生的一种激素，糖尿病病人注射的胰岛素从何而来？是从健康人体内提取的吗？

人体产生的胰岛素对我们自身的生长发育起到重要的作用，不能随便提取。现在糖尿病病人注射的胰岛素大部分是通过转基因技术生产的哦！

小探索

转基因技术如何服务于我们的日常生活？小组合作，把转基因技术生产人体胰岛素的工艺流程绘制在下表中，并基于此，设计一款服务日常生活的产品。

转基因技术生产人体胰岛素的工艺流程
产品名称
创意说明

数字化美育实践基地

鹏鹏，这趟基因之旅实在太有趣了。可是我还有很多基因知识不了解，怎么办呢？

没事！深圳就有华大基因博物馆，可以近距离体验基因技术！我带你去看看吧！

深圳市华大基因博物馆里有核心测序设备，也有更精准、便捷的基因检测技术，为大家揭开"基因检测"的神秘面纱。

通过这趟基因之旅，小组同学分工合作，设计录制一个关于基因技术的科普微课，然后向大家展示你的科普作品吧！

我的作品名称：＿＿＿＿＿＿＿＿＿＿＿＿＿＿＿＿＿＿

我的作品展示链接：＿＿＿＿＿＿＿＿＿＿＿＿＿＿＿＿

流光灯韵

游园、观灯、溯源、创美，非遗传承在路上

"火树银花合，星桥铁锁开"，流光溢彩的花灯令人无限向往。中国非遗花灯吸引着无数人驻足观赏。今天就让我们一起走近花灯，感受民俗文化之美！

张灯结彩月儿圆，又是一年一度的元宵佳节！鹏鹏和美美来到佛山，就被街上的热闹吸引了，只见十里长街灯火通明，人声鼎沸。各式各样的花灯造型别致，装饰考究，简直是美不胜收。

> 鹏鹏，有花灯会！好漂亮呀！

> 我都迫不及待想走近瞧瞧了！

传说，在西汉时期，文帝做了一个梦，梦见玉帝命火德星君在正月十五火烧京城。文帝非常恐慌，便召来群臣计议，大臣东方朔献计说，可以向火德星君求告说情，免此一难。

正月十五日，火德星君果然驾临京城。文帝率群臣和京城百姓拜伏恭迎，哀告火德星君看在万千黎民的份上，不要火烧京城。火德星君不忍生灵涂炭，无奈圣命在身，不敢违犯天条。正左右为难之际，东方朔又献一计。当夜，京城长安内外，从皇宫到百姓庭院，都依东方朔之计张灯燃炬，一片通明，与白昼无异。火光直透云霄，火德星君见那景象果如天火降临一般，料得足以瞒过玉帝，便回天庭复命了。

此后，每年正月十五，京城便张灯燃炬，以示纪念，且用糯米粉团成丸子，状似珍珠，俗称"元宵"，表面上是敬火德星君，实际上是想用糯米糕粘住他的牙齿让他少说话。（节选自《灯会传说》，https://www.sohu.com/a/217340039_318938）

广东佛山在举办花灯会，各色花灯形状不一，色彩缤纷，好不热闹！

据说，2008 年，佛山彩灯入选第二批国家级非物质文化遗产名录，我可得好好看看……

美美：鹏鹏，你知道吗，佛山花灯会起于宋，盛于清，传承至今，每年来观赏的人络绎不绝。

鹏鹏：我可算领略到了"楼台上下火照火，车马往来人看人"的节日氛围了！

美美：我们赶紧去逛花灯会吧！

鹏鹏：我都带好小本子，准备记录花灯的美啦……

实践活动

请你浏览 https://www.thepaper.cn/newsDetail_forward_4824685，了解"佛山秋色巡游"活动，并发挥联想能力，多角度描绘花灯会的美。

造型

题材

技艺

走！咱们观灯去！

走近一瞧，花灯工艺实在精巧……无论是色彩、结构，还是造型，都让我叹为观止！

"缛彩遥分地，繁光远缀天。接汉疑星落，依楼似月悬。"看一看花灯，感受一下它的独特之美。

实践活动

请你做个小调查，根据以下小讲坛的内容以及自己的搜索结果，观其外形，触其质地，思考下佛山花灯有什么过人之处，能入围国家级非物质文化遗产名录呢？

造型精巧	材料多样	装饰丰富	
龙船灯、宝塔灯、人物灯、动物灯等	竹篾、铁线、纱纸、各式绸布等		

小讲坛

作为中国传统彩灯艺术的主要流派之一，佛山花灯技法讲究，主要材料为竹篾、铁线、纱纸、各式绸布、剪纸图案、各色颜料以及照明器材，可分为竹织灯笼、纱灯、剪纸灯、秋色特艺灯等；在艺术表现上，佛山花灯选材广泛，灯型繁多，有富贵灯、龙船灯、宝塔灯、人物灯、动物灯、亭台楼阁灯、花鸟虫鱼瓜果灯等。更为难得的是，佛山花灯不仅有极高的书画艺术，还与本地的民俗文化融为一体，以独有的铜凿剪纸做装饰，白天欣赏光彩夺目，夜晚欣赏金碧辉煌，成为岭南民俗文化中的一道亮丽风景线。

除了佛山彩灯，全国各地也有不少巧夺天工的花灯，让我们一起看一下吧！

河南开封作为八朝古都，其元宵灯会自宋代以来已有千年历史。"汴京灯笼张"是开封著名的彩灯制作世家，其以彩灯造型和扎糊技艺闻名，已传承七代，为"国家级非物质文化遗产"。如今，"大宋上元灯会"的繁华盛景，传统工艺与现代科技的完美融合，让人们体验到"东风夜放花千树"的极致美景。

四川自贡花灯制作精美、构思巧妙，在世界范围内受到追捧，被誉为"天下第一灯"。近年来，自贡花灯更是成为中华文化"走出去"的一张闪亮名片。

请你找找相关的诗词歌赋，或者书法画作，看看人们都是如何借花灯抒情言志的？

诗词歌赋
（文字）

书法、绘画、舞蹈等
（可粘贴照片）

鹏鹏，那有灯谜，咱们快去瞧瞧！

小游戏

猜灯谜既启迪智慧又迎合节日气氛，逐渐成为元宵节不可缺少的节目。下面的灯谜你们能猜猜吗？

猜谜：凿壁偷光（猜一历史人物）

猜谜：孔雀收屏（猜一历史人物）

参考答案：诸葛亮（孔明）；关羽

实践活动

璀璨的灯光，象征着国泰民安、吉祥如意。让我们调查对比广东省和我国其他省份的花灯习俗，自行补充至少两个有趣的风俗吧！

广东

猜灯谜

添灯即"添丁"

山东

用面粉做成的生肖灯，燃亮时间越长，代表越长寿

鹏鹏，除了佛山花灯，你知道广东还有哪些灯彩项目列入国家级非物质文化遗产名录吗？

广东作为岭南文化的发源地，其灯彩项目历史悠久，独具特色。除佛山花灯，入选非遗项目的还有东莞的千角灯、潮州花灯、连平的忠信花灯。

实践活动

花灯在不同地方的习俗中有不同的象征。

关于花灯的美好寓意还有很多，我们一起找找吧！

上祈天意，下护苍生，花灯寄托着中华文化中吉祥如意的精神追求，传达出人们对美好生活的祝愿。

鹏鹏，花灯制作大赛开始了！大家都摩拳擦掌，准备大展身手了！看看谁的花灯最引人注目！

广东佛山传统花灯的制作分设计、扎廊、扪衬、装配四大工序。但要做一个花灯，可不是一件容易的事。如果我们要做一个花灯，如何将传统与创新相结合呢？

材料上：＿＿＿＿＿＿＿＿＿＿＿＿＿＿＿＿＿＿＿＿＿＿＿＿＿＿

装饰上：＿＿＿＿＿＿＿＿＿＿＿＿＿＿＿＿＿＿＿＿＿＿＿＿＿＿

造型上：＿＿＿＿＿＿＿＿＿＿＿＿＿＿＿＿＿＿＿＿＿＿＿＿＿＿

要做一个漂亮的花灯，少不了装饰！我发现了很多可以用的元素……

中国结

水墨画

树枝、贝壳、黏土……

吉祥寓意的画
虎——虎虎生威
鸡——吉祥如意
鹿——福禄双全
牡丹花——花开富贵

剪纸

在游园、观灯、溯源后，现在是我们大展身手的时候啦！让我们小组合作，或独立创作，结合自己对花灯寓意的思考，制作一个花灯，比比谁的成品最特别吧！

花灯制作创意大赛

参赛选手：＿＿＿＿＿＿＿　　　作品名称：＿＿＿＿＿＿＿

（请于此处贴上设计图或成品照片）

我所用到的制作材料以及创新之处

我的花灯体现的寓意

知识小报、视频介绍……都是宣传花灯不错的选择！

假如你被评选为花灯形象代言人，你将怎样进行宣传呢？

【交流】小组内互相展示花灯作品，并做出评价。

序号	评价内容	评价	评价标准
1	造型、装饰、制作、寓意	☆☆☆☆☆	有基本造型，得1星；色彩和造型有变化，得3星；造型别致，装饰多样，制作精美，寓意丰富，得5星
2	有创意，体现环保意识	☆☆☆☆☆	有基本材料，且材料传统，得1星；初步体现环保意识，运用了废旧环保材料，得3星；材料充分体现环保意识，创意新颖，得5星

花灯要想推广出去，得到更多人的关注，就必须拓展思路，多元融合！

如今的花灯，不光是民间艺人彩扎、糊裱、剪纸、刺绣、雕刻等诸多工艺智慧的集中体现，更是融入了科技之光。以数字化为桥梁，实现对花灯等非遗文化的"盘活"，使中国传统文化绽放新时代之美。

我们一起结合实地考察与走访，做个社会调研记录表吧！

社会调研记录表	
场地及时间	
在传承花灯的路上，匠人们的困难源自哪里？	
现代生活和花灯文化相结合的成功例子有哪些？为什么这些做法会成功？	
在花灯文化传承和创新上，我们还可以怎么做？	

数字化美育实践基地

Rakugaki AR 和 Kivicube WebAR 等数字化软件、平台的开发，为花灯制作带来了生命力。我们可以通过自己的力量实现 AR 场景的创造，让 2D 物体产生 3D 立体效果，使花灯鲜活起来。

Rakugaki AR 是应用 AR 技术的最新游戏，我们只需要在纸上涂鸦，设计出我们想要的花灯，打开软件，当摄像头找到可以识别的涂鸦之后，就会出现一圈红色的描边，然后按下屏幕中间的按钮，画面就会从纸面上跳出来。里面的静态角色也会直接变成动态的。

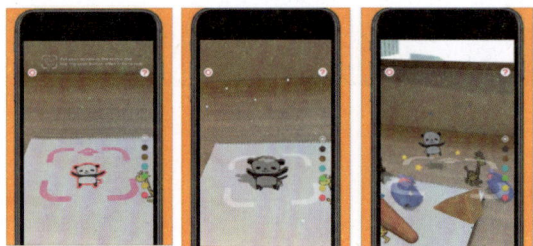

这两款软件都能在手机软件商城或者相关网页下载。

或者，可以通过 Kivicube WebAR 平台，创建属于自己的 AR、VR 与 3D 场景，并在通用的 Web 平台上分享它们。

我刚动手做了一个，现在别人只需要扫描我的花灯图片，就会出现一个 3D 图案啦！还有更高阶的玩法，等着你来发现！

当你完成后，尝试在微信上发起一个网络投票。或者，和你的小伙伴建立一个微信公众号或视频号，记录并分享你们的作品！让我们来看看，谁能做出更漂亮的花灯 AR 图吧！

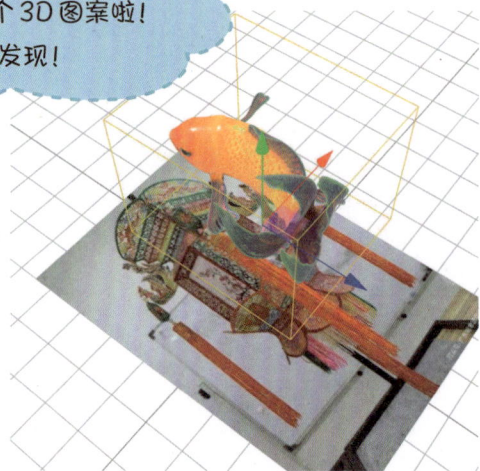

别出心裁

心随剪动，指间方寸见匠心

鹏鹏，我国有 30 多个民族拥有活态的剪纸传统，因地域、民族不同而又独具特色，你知道有哪些呢？

山东高密剪纸粗犷中见清秀；陕西剪纸淳厚有力；江苏扬州剪纸精巧雅致；广东佛山剪纸色彩富丽、手法多变……它们都是中华文明绵延传承的活态呈现。

"千门万户曈曈日，总把新桃换旧符。""福"字多以剪纸造型呈现，剪纸作为一种镂空艺术，千百年来深受人们的喜爱。一双巧手、一把剪刀、一张彩纸，便能传达吉祥安乐的寓意。一幅精美的剪纸，不仅能烘托出浓浓的节日氛围，更能传递民俗文化，让家家户户充满幸福的"年味"。

走，我们一起去探寻剪纸之美！

日常生活中随处都可见到剪纸装饰！

剪纸图案设计的抱枕

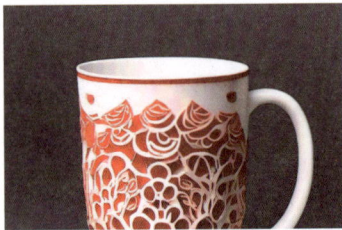

剪纸图案装饰的杯子

与剪纸相结合的窗户装饰

小探寻

剪纸贴图	发现地点	美的感受
	春节期间，贴在家门口的迎春祈福贴画	图案总体呈现对称形态，线条圆润细腻，富有美感。"福"字居中，鲤鱼环绕周围，寓意"连年有余"，表达人们对新一年的美好企盼

小讲坛

　　剪纸是中国古老的民间艺术之一，它源远流长，经久不衰，是中国民间艺术中的瑰宝。剪纸的历史可追溯到东汉，距今已有2000余年。

　　其特点主要表现在将质朴、生动、有趣的写意艺术造型与民间寓意结合起来，运用空间观念的二维性，将纸张转化为一种镂空的艺术。

"巧手随心剪物华，张张红纸俱成花。" 我们可以尝试从美术元素入手，去感知剪纸的造型美！

美术有哪些基本元素呢？咱们去上一节"剪纸艺术鉴赏课"吧！

课堂笔记

美术的基本元素有＿＿＿＿＿＿＿＿＿＿＿

我们可以从美术的基本元素角度鉴赏剪纸造型之美！

例一：

我选择的美术元素是：＿＿线条＿＿

该美术元素呈现的特点是：

例二：

我选择的美术元素是：＿＿构图＿＿

该美术元素呈现的特点是：

例三：

我选择的美术元素是：＿＿＿＿＿＿

该美术元素呈现的特点是：

剪纸根植于民间，其"关系民俗，反映民风，深含民情"。民间剪纸的表现语言不是平铺直叙，而是托物寄语，借用约定俗成的观念化形象，寄托人们对美好生活的向往，对吉祥幸福的企盼。

剪纸作品都是由什么图案元素构成的呀？这些图案有什么特别的寓意吗？

瞧，这里有作品简介！

《榴开百子图》

图案元素有：

石榴、_____、_____

图案元素的意义：

石榴寓意多子多孙、多福多寿。

_____

《连年有余》

图案元素有：

莲花、_____、_____

图案元素的意义：

莲花是清雅高洁的象征，且莲与"连"谐音。

_____

小讲坛

剪纸文化之动植物象征

喜鹊登梅，又称喜上眉梢，传说喜鹊能报喜，所以在民间喜鹊便作为"吉祥"的象征；龙、凤，在中国传统中有吉祥、喜庆之意，故有"龙凤呈祥"；牡丹象征富贵，桂圆象征团圆，金橘象征吉利。

剪纸文化之汉字谐音

枣、花生、桂圆、莲子组合在一起，寓意早生贵子；莲花、鲤鱼组合为连年有余；桃和五个蝙蝠组合为五福庆寿；三只羊组合为三阳开泰；鹌鹑栖息在落叶上，称为安居乐业。

巧手蕴匠心，指间抒情怀。剪纸之美，在匠心独运中，在美好期盼里，更在审美与生活的巧妙融汇间。高雅的审美通过创意方法，以柔软的身段，进入平凡世界，把艺术生活化、生活艺术化。

鹏鹏，我们约几个同学一起去逛逛文创市集吧！

当"非遗"遇上现代工艺，会碰撞出什么火花呢？让我们试着为摊位设计宣传标语吧！

摊位一

当剪纸走进生活

审美通过与实用产品的相互赋能，赋予了实用性产品新的文化内涵。美即有用，一举两得。

摊位二

剪纸logo大赏

摊位三

当建筑成为剪纸

摊位四

当剪纸融合建筑

传统剪纸工艺还能与哪些现代工艺巧妙融合呢？让我们把感悟和思考写在日记里吧！

逛文创市集有感

美观与实用、传统与现代、技术与艺术的融汇，为古朴技艺增添了时代和科技的光辉，坚持传统和发展创新理应是齐头并进的两条线……

郭沫若先生曾以"一剪之巧夺神功，美在民间永不朽"的诗句赞誉中国剪纸艺术。走近神工妙剪背后的手工艺人，体悟蕴含在一剪一刻中的精神内涵！

> 鹏鹏，你知道"复活"了消失30余年的铜凿剪纸技艺的饶宝莲老师吗？

> 知道的，我们正好可以约饶老师一起做个访谈呢！

对话大师

访谈主题：饶宝莲大师复活铜凿剪纸的故事

访谈对象：饶宝莲　　记录人：鹏鹏、美美

鹏鹏：饶老师您好！可否请您介绍一下广东的铜凿剪纸呢？

饶宝莲大师：铜凿剪纸是佛山剪纸中珍贵的种类，它以青铜铜箔制作而成，铜箔薄如蝉翼，富丽堂皇的风格使之在众多剪纸门类中独领风骚。可惜的是，由于佛山铜箔厂在20世纪70年代解散，原料稀缺，这门剪纸技艺也就失传了。

美美：那您是怎么复活铜凿剪纸技艺的？

饶宝莲大师：首先要寻找新材料，那段时间，我只要听到哪个地方有关于铜箔的消息，就立马跑到当地寻找。但是找了近一年时间，都没找到合适的材料。

后来，我发现在铜箔上镀上纯金，既能够保证铜凿技术的延续，也能够恢复铜凿剪纸的金碧辉煌。

......

鹏鹏、美美：非常感谢您给我们带来的精彩分享！

"纸上得来终觉浅，绝知此事要躬行"，通过"寻迹""观形""会意"初步领悟到剪纸之美后，我们还应亲自动手创造美，从而更好地"悟神"。

动手实践前，要先思考创作意图，画好设计图。

"一剪一刻皆匠心"，只有自己动手，才能知道做好剪纸手艺是真的不容易啊！

"中国手艺"剪纸创意设计比赛

参赛选手：＿＿＿＿＿＿　　作品名称：＿＿＿＿＿＿＿

创作意图：＿＿＿＿＿＿＿＿

＿＿＿＿＿＿＿＿＿＿＿＿＿＿

品鉴角度：

☐ 造型美

☐ 寓意美

☐ 精神美

提升建议：＿＿＿＿＿＿＿＿＿

＿＿＿＿＿＿＿＿＿＿＿＿＿＿

数字化美育实践基地

数字化软件 CorelDRAW 的开发应用，为我们提供了多种图形的运算模式，修剪、合并、对称、翻转、多方案组合等技术的利用，使剪纸艺术中的低效、重复和非创意性工作内容得以高效完成，大大提升了剪纸的数字化设计能力。

好神奇！在 CorelDRAW 的帮助下，从圆形到成形的"福"字图案设计，我仅仅用了几分钟！

CorelDRAW ⬤ —修剪→ 🈴 —合并→ 🈴

中国剪纸辅助设计软件的运用，让我们看到现代技术与传统艺术的辩证统一、有机融合，从而使得剪纸艺术舞出最美的姿态！让我们尝试用 CorelDRAW 设计出更多剪纸图案吧！

现代技术在对传统艺术造成冲击的同时，也让我们看到了"融汇升华"的传承新路径！

是的，通过技术，让"剪艺"变"简易"，让我们在繁忙的现代生活中，也能体会、践行、热爱传统艺术。

设计成果展示

设计用时：

技术工具：

图案展示

蓝色海洋

探索海洋，捍卫地球上巨大的资源宝库

2021年10月16日，搭载着三位中国航天员的神舟飞船升入太空。随着飞船离地球越来越远，航天员们看到地球变成了蓝色的星球，像一颗蓝色玻璃弹珠！

那是因为，地球上海洋的面积占地球表面积的三分之二以上，因此也就有了"蓝色星球"之称。

海洋是生命的摇篮，它有绚丽的色彩、壮美的景观、丰富的宝藏，是人类巨大的资源宝库。

浩瀚无垠的大海，有时静谧安洋，有时汹涌澎湃，让人心生敬畏。

我们一起来欣赏一下神秘的海洋世界吧！

风平浪静时，大海平和而静谧，为人们提供了旅游观光的资源；波涛汹涌时，大海又瞬间咆哮了起来，威胁着航行的船只。大海像母亲一样，孕育了无数海洋生命，而有些海洋，静谧神秘，不似其他海洋一样欢快热闹。

读一读

面朝大海，春暖花开

海子

从明天起，做一个幸福的人

喂马、劈柴，周游世界

从明天起，关心粮食和蔬菜

我有一所房子，面朝大海，春暖花开

从明天起，和每一个亲人通信

告诉他们，我的幸福

那幸福的闪电告诉我的

我将告诉每一个人

给每一条河每一座山取一个温暖的名字

陌生人，我也为你祝福

愿你有一个灿烂的前程

愿你有情人终成眷属

愿你在尘世获得幸福

我只愿面朝大海，春暖花开

一起做

你喜欢什么样的大海呢？我们来想一想、写一写、画一画。

大海是多彩的，从深蓝色到碧绿色，从微黄色到棕红色，甚至还有白色、黑色。

是吗？蓝色很常见，可其他的颜色是怎么回事呢？

海洋的颜色受很多因素的影响，你觉得下面三幅图片中影响海洋颜色的因素是什么？

夕阳下的紫色海洋

黄河入海口

海洋的颜色还会受到海洋中微生物的影响。"蓝色眼泪"的成因就在于此。

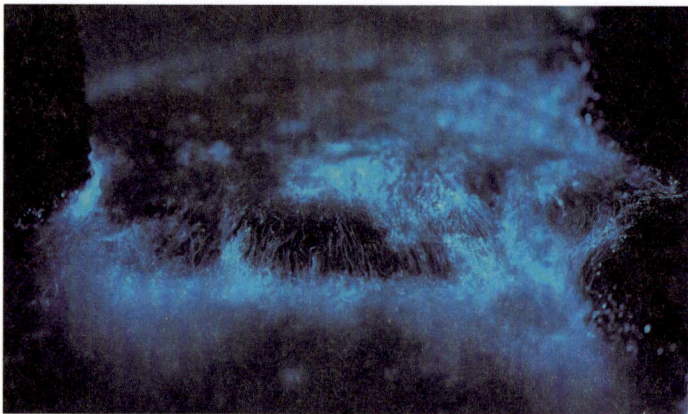

海洋是生命的摇篮，在海洋中生存的生物数不胜数。生命的多姿多彩给海洋增添了无数生机与活力，丰富的海洋资源也为人类提供了赖以生存的条件。

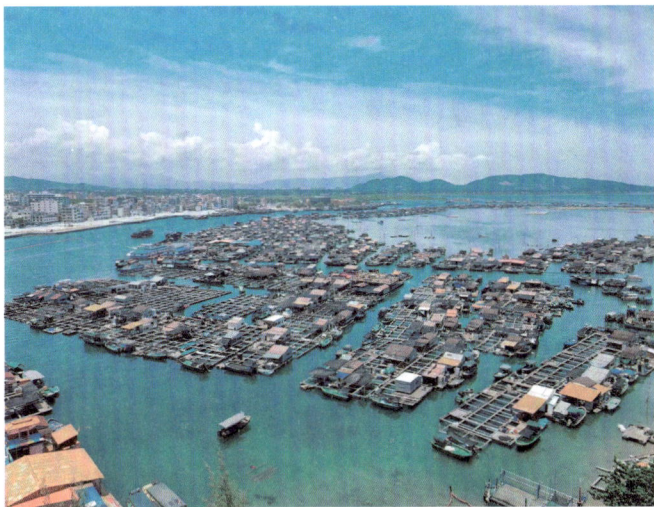

海洋为我们提供了丰富的渔业资源、多样的海运航道、＿＿＿＿＿＿＿＿＿、

＿＿＿＿＿＿＿＿＿、＿＿＿＿＿＿＿＿＿。

查一查，写一写

海洋还为我们提供了哪些重要资源？未来哪些资源可以被我们进一步利用？请查找资料，为未来的海洋资源开发写一份计划书。

海洋覆盖了地球表面积的七成，海洋健康是地球健康的前提。然而，令人痛心的是，海洋健康正在遭受到越来越严重的威胁。

海洋孕育了生命，联通了世界，促进了发展。共同保护海洋生态环境，是构建海洋命运共同体理念的核心要义之一。

小组活动

你知道我国都采取了哪些措施来保护海洋环境吗？从下面所给出的海洋问题中选出其中一个，查阅相关资料，找到我国已经采取的治理举措，并以手抄报的形式展示出来。比一比，看看哪个组做得最好。

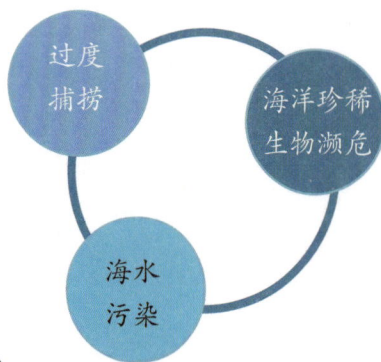

过度捕捞

海洋珍稀生物濒危

海水污染

我国高度重视海洋生态文明建设，持续加强海洋环境污染防治，保护海洋生物多样性，实现海洋资源有序开发利用，旨在为子孙后代留下一片碧海蓝天。

> 海洋中有那么多水，为什么我们还要节约用水呢？

> 地球上的水有 97.5% 是海水，2.5% 是淡水。而这 2.5% 的淡水中有大部分是以冰川形式存在的，因此人类实际可以使用的水还不足 1%。

一起做

为了应对日益严重的淡水资源危机，科学家们正在想办法将海水更加高效地转化为饮用水。那么如何把海水转化成饮用水呢？

具体方法：

1 大碗中间放小碗，往大碗中注入盐水，注意水量低于小碗边缘。

2 将保鲜膜盖在大碗上，并用皮筋套住。

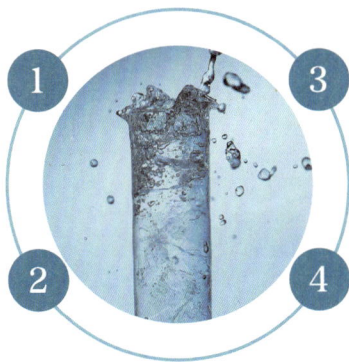

3 将碗放在阳光下照射几个小时。

4 小碗中收集到了从保鲜膜上滴落的水。

> 尝一尝，小碗里收集到的水是什么味道？

数字化美育实践基地

鹏鹏，这趟旅程让我受益匪浅啊！

听说校园海洋主题环保服装设计大赛正在报名，我们去试试吧！

设计从这里出发，时尚因你而不同。现在请你代表班级参加学校的海洋主题环保服装设计大赛，大赛要求设计一款反映海洋主题的服饰，并体现环保理念。请发挥你的想象，向同学们展示你的成果吧！

飞天逐梦

解密载人航天技术，发扬中国航天精神

　　浩瀚的宇宙令人无限向往，中国航天人探索太空的步伐坚定有力。今天让我们一起来感受中国航天精神，体验精美绝伦的航天科技之美，拥抱星辰大海。

　　伴随着清脆的闹铃声，睡眠区热闹了起来。鹏鹏欢快地飞出了睡眠区。美美打开遮阳板，向外看去，地球的灯光犹如一幅璀璨的星河图，城市的光芒交织成一张张闪烁的网络，它们是文明的印记，也是人类活动的温暖证明。

鹏鹏，你看，从太空看我们生活的地球，好美呀！

是呀，太空中的生活真是太奇妙了。

鹏鹏，我真的非常好奇航天员们是如何在空间站工作和生活的。

天宫空间站是我国空间科学和新技术研究实验的重要基地，也是航天员们的美丽家园。

中国空间站，正式名称为"天宫"，是中国独立自主建造运营的载人空间站，预计在轨运行寿命不小于10年，通过维修维护可以延长使用寿命至15年。空间站设计为长期载3人，并支持半年一轮换的航天员乘组。空间站由核心舱"天和"、实验舱Ⅰ"问天"和实验舱Ⅱ"梦天"组成，形成"T"字形，未来还可能扩展成"干"字形，以支持更大规模的科研活动。

中国空间站的主要作用包括：

1. 作为国家太空实验室，支持大规模空间科学实验和技术试验。

2. 验证空间站建造和运营的关键技术。

3. 为航天员提供长期在轨生活和工作的环境。

核心舱"天和"是中国空间站的管理和控制中心，全长16.6米，发射质量22.5吨，可支持3名航天员长期在轨驻留，并支持开展舱内外空间科学实验和技术试验。

空间站的科学实验柜支持多个方向的空间科学与应用研究，包括生物学、材料科学、基础物理、微重力、流体等类别。此外，空间站还配置了大型机械臂、先进的生命保障系统和能源系统，以支持长期在轨任务。

中国空间站已经安排实施了多个空间科学研究与应用项目，涉及空间生命科学与人体研究、微重力物理和空间新技术领域，并取得了一系列重要成果。此外，空间站还开展了科普教育活动，如"天宫课堂"系列太空授课，以及支持国际和国内的科研合作。

中国空间站继续进行航天员轮换和科研活动。例如，神舟十九号航天员乘组在 2024 年 10 月成功进入空间站，此后，将完成多项科研任务和出舱活动。

人在太空中生存，必须依靠航天器提供适宜的氧气、湿度、温度和压力等条件。天宫空间站内的装置采用了保证航天员们能够正常生活的尖端科学技术。让我们一起来找找吧！

影响航天员生存的因素	天宫空间站采用的科学技术
氧气	
水	
温度	

鹏鹏，航天员马上要出舱活动了，我们快去看看吧。

机械臂示意图

太酷了！美美，你一定要仔细看看天宫空间站上的机械臂哦，那是中国目前智能程度最高、难度最大、系统最复杂的机械臂。

有人说中国空间站机械臂是对人类手臂的最真实还原，请你将机械臂与人类手臂的相似之处用线连接起来，感受机械臂的结构之美。

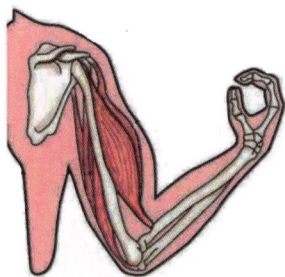

人类手臂结构示意图

机械臂转位货运飞船

小实践

小组合作，利用小木棍、废报纸等材料制作一个机械臂模型，进一步领悟机械臂的结构之美。

模型照片粘贴处

小讲坛

2010年，我国航天员翟志刚回忆他第一次出舱在太空行走时说道："挂好钩之后，我慢慢飘出，探出头去的那一瞬间，我惊呆了。视野开阔，我看到一个没有任何杂质的太空。那个太空，清晰透彻，极其空旷。大大小小的星星，就像在我身边，好像伸手就可以抓得到。地球是一片硕大的蓝色大地，上面缠满白色、灰色和褐色，它重重地悬挂在我的头顶上。脚下是深不见底、看不见边际的万丈深渊，一片漆黑。我脚踩的宇宙飞船，就像一个皮球在脚下飘浮，在深不可测的太空之中，上下左右无依无靠，连一个像绳索一样的东西都没有。"

（据《新民晚报》翟树杰报道）

鹏鹏，天宫空间站的机械臂真是太牛了。可是我还是有点紧张，太空没有氧气，航天员们出舱后怎么呼吸，怎么交流呢？

美美，这就不用担心了。你身上穿着的就是航天员的生命保障装备——航天服。它又分为舱内和舱外航天服。航天员们出舱在太空行走时，需要穿上特制的舱外航天服。中国载人航天技术研究团队在设计时就做了充分的地面试验，有的设备试验次数超过万次。质量是航天业永恒的主题，也是一切航天活动的"生命"。

小讲坛

"不带任何隐患上天"是航天人的底线。在天宫二号一项试验过程中，研究人员发现，某出口压力数值不达标。科研人员马上将压气机拆下来排除故障，发现排气阀的阀芯上出现了一个 0.1 毫米的多余物。问题找到了，可是多余物从何而来？管路内还有多少？产生的原因又是什么？为保证 100% 的可靠性，大家把管路一段一段拆下来检查、排除，直到找到多余物来源并清除所有多余物后才放心。

小实践

一说到航天科技，大家一般会觉得它们是专门为航天员们研发的，遥不可及。但实际上，航天科技早已融入并改变着我们的日常生活。让我们一起找一找生活中的航空产品吧。

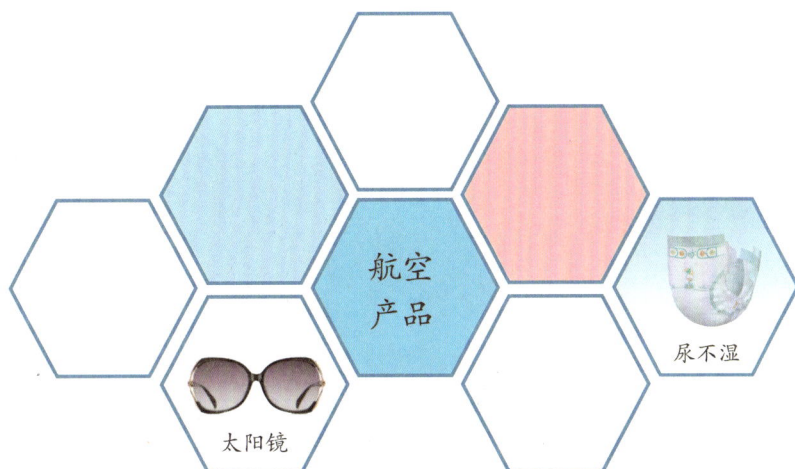

航空产品

太阳镜

尿不湿

小讲坛

有一位赞比亚修女曾写信询问美国航空航天局（NASA）的火箭专家恩斯特·施图林格："地球上有那么多吃不饱饭的儿童，而人类为什么还要探索太空？"恩斯特·施图林格写信回复道："太空探索不仅仅给人类提供了一面审视自己的镜子，它还能给我们带来全新的技术、全新的挑战和进取精神，以及面对严峻现实问题时依然乐观自信的心态。"

小论坛

请你谈谈对上述问题的看法，并记录在下面的框格中。

在一代代航天人的努力奋斗下，我国成为世界上第三个独立掌握载人航天技术的国家。

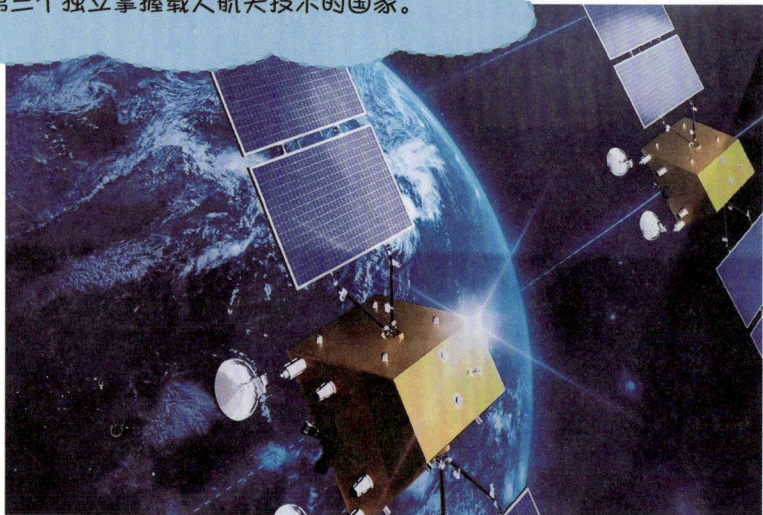

广袤苍穹，深邃莫测，是人类自古以来向往的地方。"神舟"升空，古人千年梦想成真；"天宫"载人，空中基地早已建成。中国航天人创造了一个个飞天奇迹。结合这趟太空之旅，请分析我国发展载人航天技术的意义。

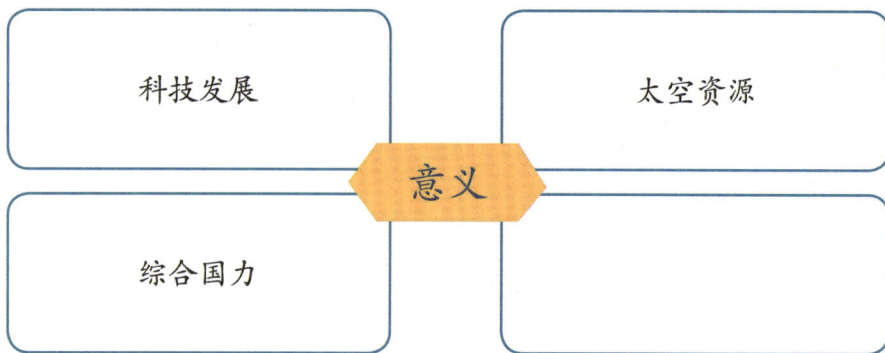

科技发展	太空资源

意义

综合国力	

小讲坛

1970 年 4 月 24 日，我国第一颗人造地球卫星"东方红一号"成功发射，《东方红》乐曲响彻浩瀚太空，拉开了中国人探索宇宙奥秘、和平利用太空的序幕。2016 年，我国将每年的 4 月 24 日作为"中国航天日"，以此来纪念我国航天事业成就，弘扬中国航天精神。

人类探索太空而驱动科技创新，这些科学技术已经深入人类社会的多个领域，甚至已经进入千家万户的日常生活。科技在不断改变着我们的生活，让我们的生活越来越美好。

> 天宫空间站内的高科技如何应用于我们的日常生活呢？请你展开想象的翅膀，利用天宫空间站中的某一项太空技术，设计一款日常生活中的产品吧！

产品名称	
运用的太空技术	
产品用途	
设计图纸	
创意说明	

数字化美育实践基地

精神无形，却能激发出无穷的力量，可以激励人们负重前行、成就梦想。载人航天精神，是中国航天人在建设科技强国征程上立起的一座精神丰碑，是与"两弹一星"精神血脉的赓续，又极具鲜明时代特质的宝贵精神财富，将永远激励着中华民族努力进取、跨越时代、勇往直前。

请结合这趟美妙的太空之旅，通过3D软件、绘图软件，设计一个未来中国空间站"天宫三号"模型，并在班级展示。

请同学们一起评选出优秀作品，并将这些美育实践作品上传到网络云端，和全国的中学生们一起感受科技之美吧！

设计成果展示

制作软件：

媒体平台：

热度：

成果链接：

图片粘贴处

刀木情深

赏精琢画印，悟文化担当

真没想到这张小小的版画中，蕴藏着这么精彩的故事！

《彭德怀将军在前线》

（彦涵，1941年作）

1940年，在百团大战第三阶段的关家垴战役中敌我双方正形成对峙局面。为了观察战况，八路军副总司令彭德怀冒着被日军炮弹袭击的危险，冲到了距离日军阵地不到500米的位置指挥作战！

这一历史瞬间被记者拍下并刊登在国内外报刊上，引起强烈的反响，同时也影响了在北漳村驻扎的木刻版画家彦涵。1941年，在太行山最艰苦的环境中，彦涵克服重重困难，终于将这一瞬间跃然于刻刀之下。版画刻制完成后，十里八乡的人们争相观看，彭德怀副总司令的光辉形象栩栩如生，共产党人英勇作战的故事也在老百姓口中广为传颂！

（根据炎娜《亲临前线　指挥作战》改编，来自太原新闻网）

展馆里的版画作品真丰富呀！

版画是一种视觉艺术形式，在不同材料的版面上制作图像，然后通过印刷将图像轻移到纸张或其他材料的表面上。版画作品有其独特的艺术表现力、技术工艺和历史价值。

请同学们根据上面这幅作品，来发现版画的美吧！

材质美

利用木板、石板、铁板等材料不同的纹理特征，进行主题版画创作。

技艺美

线条美

巧妙利用"留黑"手法，获得版画特有的艺术效果。

与其他绘画艺术相比，版画具有鲜明的艺术风格。请通过油画、国画等不同类型绘画作品的对比来感知版画的独特之美。

我最喜欢色彩热烈的向日葵！

凡·高《向日葵》

王希孟《千里江山图》（局部）

这幅色彩简单的黑白木刻版画上的人物栩栩如生！

木刻版画《钢水沸腾》

版画"简单"之美	举例
色彩简单	与油画相比，传统木刻版画多以黑白两色来刻画作品主题。但是色彩简单，并不意味着作品单调，反而黑白两色相得益彰，会更加凸显作品的主题
线条简单	
……	

你知道版画与鲁迅之间的"不解之缘"吗?

人物:祥林嫂

作品出处:＿＿＿＿＿＿＿＿＿＿＿

＿＿＿＿＿＿＿＿＿＿＿＿＿＿＿＿

＿＿＿＿＿＿＿＿＿＿＿＿＿＿＿＿

古元 《祥林嫂》

根据此幅版画作品,描述你看到的祥林嫂人物形象:

神态上:＿＿＿＿＿＿＿＿＿＿＿＿＿＿＿＿＿＿＿＿

衣着上:＿＿＿＿＿＿＿＿＿＿＿＿＿＿＿＿＿＿＿＿

动作上:＿＿＿＿＿＿＿＿＿＿＿＿＿＿＿＿＿＿＿＿

小讲坛

　　鲁迅是我国现代文学和美术思想的先驱者,1930 年由鲁迅倡导的新兴木刻运动蓬勃发展。他指出:"当革命时,版画之用最广,虽极匆忙,顷刻能办。"1931 年 8 月 17 日,鲁迅主持办起了木刻讲习会。鲁迅认为木刻版画是我国固有的艺术形式,拥有强大的生命力,同时也积极借鉴国外"创作木刻"的经验,结合我国社会现实,倡导青年创作新型木刻版画,关注现实和人生,为我国美术的发展开辟了新道路。

版画小展览

请将你的版画作品粘贴于下方空白处，并写一小段推荐语，要突出作品特点，表现版画之美。

快把你的作品展示出来吧！

推荐语：

让我们一起来欣赏小伙伴们创作的作品吧！

序号	评价内容	评星
1	线条流畅，具有美感	☆☆☆☆☆
2	刻印清晰，刀工细腻	☆☆☆☆☆
3	构图合理，具有创意	☆☆☆☆☆
评语：		

1931年9月18日的"九一八事变"标志着抗日战争爆发，中华民族面临着前所未有的危机。在抗日救亡运动的大潮中，木刻社团、木刻版画刊很快就吹响民族革命斗争的号角。

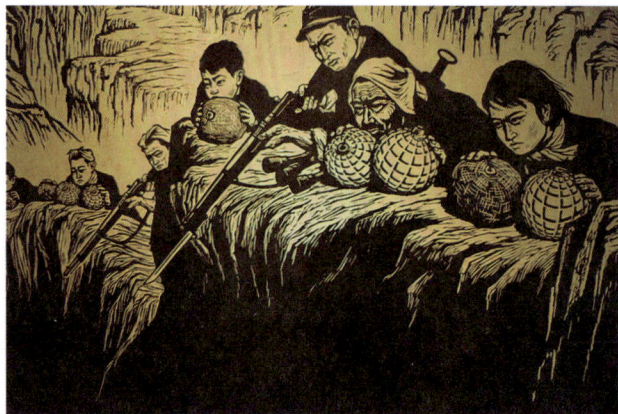

李少言《地雷阵》 20世纪50年代

版画不仅可以用来欣赏，还可以鼓舞斗志！

是呀，版画具有独特的"复刻性"，便于印刷与传播！

刘岘《抗战到底》 1938年

抗日战争持续了14年，中国共产党领导的报刊作为抗日救亡战线上的重要力量，充分发挥了木刻版画在国内传播和国际传播中不可替代的作用。

请你在互联网上找一找抗战时期的版画宣传作品，并将从中感悟到的爱国主义精神记录下来。

从唐代一直延续至今的中国传统木刻版画，体现出中国传统文化的强大生命力与独特魅力，更反映出版画制作工序背后所蕴藏的"工匠精神"。下面就让我们一起动手创作一幅属于自己的简易版画吧！

让我们一起动手，开始创作吧！

小实践

【材料准备】

塑料板、黑卡纸、颜料、滚筒、调色盘、版画木托、刮画棒、画笔等。

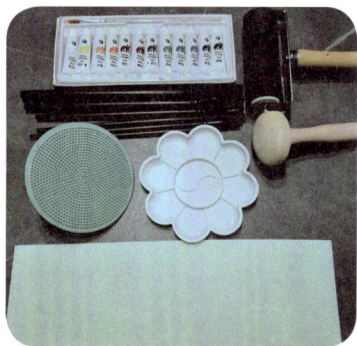

材料准备

【版画制作步骤】

（1）起稿：把你想要表现的图案画成简要的线稿。

（2）刻板：在塑料板上刻出图案的外形和细节，使其产生凹凸效果。

（3）上色：给图案上色，要使刻板上的所有凸起部位都沾上颜料。

（4）固定：将卡纸与塑料板固定好。

（5）磨印：刻板上色后覆盖黑卡纸，然后用滚筒用力均匀地压磨，压磨到图案完全呈现为止。

（6）完成作品。

①起稿

②刻板

③上色

④固定

⑤磨印

⑥完成作品

数字化美育实践基地

　　庚子年初，面对新冠疫情，广大版画创作者以特有的担当和艺术良知自觉地拿起手中的画笔，为奋战在一线的人们加油鼓劲。他们创作出一幅幅英雄形象、一场场战"疫"图景、一次次最美逆行者的告别。

愿世间没有疾苦！

让我们一起为自己或同学创作一幅具有个性的木刻人像作品吧！

（1）画：用墨画出黑白底稿。

（2）刻：找出适合的板材，运用技法刻出形象。

成果展示栏

（3）印：选用纸张油墨拓印作品。

作品展示	作品介绍

古村新韵

探寻古村历史，感受古村艺术蓬勃生机

有艺术的城中村——上围村

青瓦白墙、小桥流水之间，随处可见色彩鲜艳明快的绘画、陶艺、雕刻等作品，艺术家工作室、博物馆、展览馆星罗棋布，浓郁的艺术气息扑面而来。

据史料记载，上围村始建于清朝，钟氏、曾氏祖先率领族人迁入此地后开基立村。因为以前这里位置较为偏僻而且三面环山，加上位于山脚下像个盆地，村前有樟坑径河经过，这个位于河流源头的村落便取名"上围村"。

当古村遇上艺术，便迸发出了全新的生命活力。村子里的每条小巷都不太一样，吊篮、彩绘、涂鸦、朋克风 3D 壁画……

附近的房子也都是艺术家们自行装饰的，他们用废弃的玻璃瓶装饰围栏，废弃的花盆装饰道路，让我们仿佛置身于世外桃源！

深圳这样美丽的村落还有很多！每个村落都有其独特之美，有的是洁净美，有的是建筑美，有的是设计美，有的是绿化美，还有的是人文美，有些村落还兼具几种不同的美呢！

小探索：一起探索下列村落都具有哪些美吧！

观澜版画村

示例：<u>人文美</u>

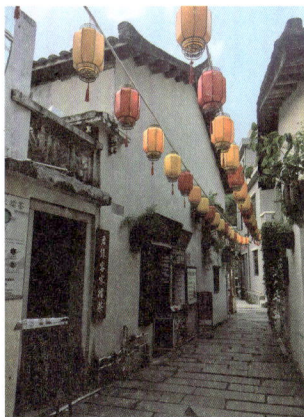

甘坑古镇

_____

较场尾村

_____

同学们，我们一起到上围村实地参观，拍摄一张"上围村最美之处"的照片，并结合自己的所见所闻完成下面这份参观报告吧！

上围村参观实录

照片粘贴处

参观日期：

村落之美：

我的感受：

1.

2.

3.

深圳虽然是一个年轻的城市，但也有其独特的历史和文化底蕴！

没错，除了上围村，深圳还有其他各具特色的村落，我们一起去看看吧！

小讨论

同学们，你们知道这是哪个村落吗？看了上面这些美丽的村落，你有什么样的感受呢？请查阅相关资料，比较其与上围村有何异同（可以从历史渊源、发展路径、变美方向、自然环境等方面比较）。

小组合作：不同的村落之间都有哪些异同呢？请同学们在小组内分享自己查阅的资料，并与伙伴交流，完成对比表格。

村落名称	村落名称1：上围村	村落名称2：
共同之处		
不同之处		

小讲坛

深圳龙岗甘坑古镇，依山傍水、草木葱茏、青砖灰瓦，曾是客家人聚居地。小镇里有历经120余年沧桑的南香楼，有建于雍正年间的状元府，一砖一木与有几百年历史的客家老屋一道，形成了独特的客家文化载体。如今，经过不断创新升级，小镇既保留了传统，又处处与现实生活接轨。

自 2017 年以来，来自五湖四海的艺术家、设计师们，纷纷走进了上围村！

是呀！上围村真是极具艺术魅力的村子呢！

时间沉淀历史，艺术之花盛放

一栋栋老屋在艺术家、设计师们手里重获生机，通过这种方式激活村落现有的历史文化元素，实现了文化留存与延续。

上围村将碉楼和客家老屋改造成艺术工作室、艺术展览馆，打造了包括尚意坊等在内的 30 多个艺术家工作室。艺术形式涵盖摄影、绘画、红木设计、陶艺、篆刻、铁画、木雕等 20 余种。

上围村的房子装饰独具特色，墙上各种各样的涂鸦，让人感受到了艺术之美。

鹏鹏，你知道吗？上围村在此之前也曾陷入两难的发展困局呢！

它是如何突出重围的呢？我们一起去探个究竟吧！

在城市化浪潮的巨大冲击之下，上围村面临重重困境。尽管它有着较为悠久的历史，但相较于其他村落，上围村古建筑较为普通，难以列入历史建筑保护名单。

小拓展

请鉴赏下列描写村落的古诗词，并体会作者的当下心境。

绿树村边合，青山郭外斜。

_____

枯藤老树昏鸦，小桥流水人家。

_____

绿遍山原白满川，子规声里雨如烟。

_____

一片山翠边，依稀见村远。

_____

簌簌衣巾落枣花，村南村北响缫车。

_____

鹏鹏，你知道上围村是怎么一步步变美的吗？

我听说是通过艺术谋求转型之路！

小探索：探寻上围村变美之路

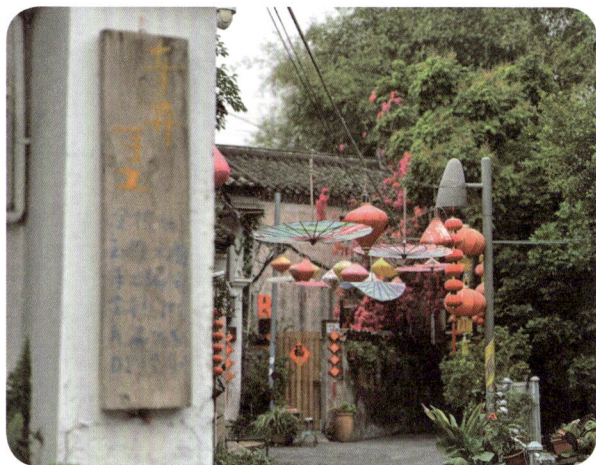

上围村变美方案

请同学们自行查找上围村相关资料，探寻上围村的变美之路，整理如下变美方案书。

村落名称：上围村

历史渊源：

发展变迁：

得益于：

1.

2.

3.

深圳发展史就是一部从乡村到城市的现代进化史，深圳奇迹也是一部"村"与"城"的斗争史。只有了解了村落变迁之美，我们才能感受到更多关于深圳与中国走过的不平凡历程。

小交流

深圳村落的发展体现出了哪些深圳精神？对于我国乡村振兴战略的实施有何助益？请同学们小组内讨论交流一下吧！

村落之变 （示例：较场尾村）	深圳精神
默默无闻的小渔村变成深圳旅游胜地	敢闯敢试，大胆探索
外来民宿投资者的涌入，激发了社会的流动性	创新包容的城市精神

改革开放以来，深圳的发展日新月异。它从昔日偏僻荒凉的小渔村发展为如今高楼林立的大都市。一个个村落也随之发生着变化，每一个村庄的变迁都生动地记录着改革开放以来深圳乃至中国的发展与变化。

作为未来接班人，在学习了本节课程后，看到深圳古村落一步步变美，你有什么样的感受呢？

心得体悟

关于深圳村落的不断发展，我感受到：

1.

2.

3.

4.

……

在深圳当下的古村落中，仍有部分处于待改造状态，在学习了上围村"村城突围，相融共生"的变美之路后，我们能不能也帮其他村落进行变美规划呢？

我是村落变美规划师

请你借鉴上述转型成功的村落的经验，任选一个待改造村落，以小组合作形式探究该村落今后的创新发展路径，并完成村落变美转型报告。

村落名称	
村落特色	

村落可持续发展

数字化美育实践基地

鹏鹏，了解了这么多富有艺术感的古村落，你想不想发挥一下自己的艺术天赋去帮助深圳的古村落变得更美呢？

好呀，我们可以在古村落的墙壁上进行艺术涂鸦，让古村落的墙壁旧貌换新颜！

同学们以小组为单位，使用电脑绘图软件为古村落设计墙壁涂鸦艺术方案，并展示出本小组的涂鸦效果图。

天空之镜

走进茶卡盐湖，探寻网红景点的长红之道

云端之旅·盐湖火车

在青海省内，有一个自古被称为"西宫咸池"的特殊湖泊——茶卡盐湖。白天，它被三山环绕，反射着美丽的天空雪山；夜晚，星空与湖面融为一体，仿佛繁星洒落镜中，无论何时都勾勒出一幅壮美的画卷。这里是中国首个最美星空拍摄基地，是旅行者口中的"天空之镜""夜空之镜"，被《中国国家旅游》杂志评为"人一生要去的 55 个地方"之一。

鹏鹏，那边一堆堆形状各异的小山是什么？

远远地看，茶卡盐湖旁边屹立着很多雕塑，它们可不是普通的石雕，而是用茶卡盐湖的盐山雕刻而成的！

户外盐雕艺术群

想一想，盐雕和常见的木雕、石雕有什么区别呢？

茶卡盐湖平均海拔 3059 米，四周雪山环绕，宛如一面镶嵌在雪山草地间的镜子，静谧非常。盐湖独特的地理位置和水文特征造就了许多独特的景观。

上面三幅图都是茶卡盐湖著名的特色景观，请同学们根据图片信息和表格中的提示，加深对茶卡盐湖的认识吧！

特色景观	景观信息	美在何处
天空之镜		
盐雕艺术群		特殊的雕刻艺术；大型盐雕的震撼美
小火车景观	茶卡盐湖拥有一条建于19世纪60年代末的通往湖心的铁轨，轨距仅有60厘米，现在也已成为景区观光项目之一，体现了盐业遗产的活化利用	

和中国其他湖泊比较一下，更能看出茶卡盐湖的特点呢！

茶卡盐湖

青海湖，中国最大的内陆湖

泸沽湖是一个拥有丰富自然景观和
独特摩梭文化的高原湖泊

西湖及其周边分布着
60多处文物保护单位

茶卡盐湖有什么吸引人的独特之处呢？想一想，比一比，填一填。

茶卡盐湖的独特美	成因
颜色之美	无污染，缺乏水生生物，水下结晶层加强了湖面的反射能力，肉眼看上去，天空什么颜色，盐湖就是什么颜色
空灵之美	
……	

网红景点普遍存在哪些问题？怎样才能"长盛不衰"呢？

茶卡盐湖，以其独特的魅力和历史渊源成为西北旅游目的地，相对于国内绝大多数景区而言，可谓与众不同。然而，随着茶卡盐湖热度提升，景区的缺陷和不足很快就暴露出来。堵车、排队长、重复收费、强制消费等种种问题，一次次登上热搜。

请以五位同学为一个小组，通过查阅资料、景区走访等形式完成以"网红景点如何保持长红"为主题的调研报告。

调研报告

【调研地点】

【调研时间】

【调研内容】

【调研方式】

【调研目的】

【报告正文】

　　背景：

　　现状：

　　存在问题：

　　原因：

　　措施：

随着自媒体时代的到来，网红景区也不断增多，游客往往会因为一张照片，游览一个景区，却也容易因期望值过高而产生心理落差。因此，网红景区要抓住机遇，走可持续发展道路。

美国浪漫主义诗人威廉·卡伦·布莱恩特说："到广阔的天地中去，聆听大自然的教诲。" 想一想，如果你是茶卡盐湖的讲解员，要怎样向游客更好地展现茶卡盐湖的魅力呢？

请以小组为单位，设计茶卡盐湖的讲解词吧！

茶卡盐湖讲解词

亲爱的游客朋友们，欢迎来到美丽的茶卡盐湖。我是今天的讲解员……

茶卡盐湖地理位置独特，_____

_____

_____。

这里有着独特的自然风光，_____

_____。

这里有着独特的人文优势，_____

_____。

我的讲解就到这里了，游览的过程中有几点需要提醒大家：_____

_____。

下面大家可以自行游览了，谢谢大家，祝您旅行愉快！

演一演，评一评，谁是班里的"最佳小导游"！

作为一名讲解员，还应当做到形象端庄、行为得体、声音洪亮、不卑不亢，适时解答游客提问哦！

数字化美育实践基地

鹏鹏，尽管"茶卡盐湖——天空之镜"的旅游品牌为当地政府和人民带来了发展机遇，但是游览茶卡盐湖确实需要讲究"天时、地利、人和"。

很多旅游景点都有自己的专属旅游地图，旅游地图上清晰明了、生动有趣地标记着各个热门景点的地理位置、推荐美食、游览路线等，有的甚至还有个性化的旅游小贴士。通常我们会用到 Photoshop 和时光手账等图片加工软件。亲爱的同学们，你能为从深圳出发的游客，制作一份茶卡盐湖的专属旅游地图吗？你可以参考"厦门旅游攻略手绘地图"哦！尽情发挥你的创意吧！

厦门旅游攻略手绘地图

后 记

在深圳市龙华区民治中学教育集团党委的引领下，这套"美育实践丛书"得以呈现，我们倍感自豪。本项目得益于广东省委宣传部原副部长顾作义先生和广西教育出版社原总编辑李人凡老师的悉心指导，凝聚了民治中学教育集团教师团队的智慧与汗水。项目始于2021年初，完成于2024年，旨在通过美育实践，培育学生的审美情感与创造力，实现以美育人、以美化人的目标。

在深圳市教育科学研究院的批准下，在深圳市龙华区教育局和教育科学研究院的指导和支持下，我们组建了以莫怀荣书记、校长为主持人的课题组，负责课程体系的构建与课程内容的开发研究。其中，莫校长负责全面统筹项目，张德芝校长和徐莉莉副校长负责人文美板块，戴蓉校长和辜珠元老师负责艺术美板块，何星校长和陈妍老师负责自然美板块，吴朝朋老师负责科技美板块，彭智勇校长和郭金保老师则负责手绘插画设计的统筹和推进工作。

在编写过程中，吴朝朋老师担任丛书第七册组长，张文濛老师担任副组长，共同肩负课程内容研讨、书稿审读及出版对接任务。各课的编写分工如下：赵湘渝老师《形态万千》、白松涛老师和雷碧云老师《深圳精神》、王可仪老师《基因魔剪》、张文濛老师《流光灯韵》、赵希婷老师《别出心裁》、王琪老师《蓝色海洋》和《天空之镜》、吴朝朋老师《飞天逐梦》、马多老师《刀木情深》、张佳妮老师《古村新韵》。杨颖静老师则负责整册书的手绘插画，为手册增添了形象、生动的韵味。

"美育实践丛书"不仅是民治中学教育集团美育实践课题研

究的丰硕成果，更是我们对美育深刻理解和创新实践的生动展现。我们期待这套丛书能够为学生提供丰富多彩的美育体验，激发他们的创造力和审美能力，引领他们在美的海洋中遨游，发现自我，启迪智慧，滋养身心。

在"美育实践丛书"即将与广大师生见面之际，我们满怀感激之情。回首将近3年的研究和编写工作，我们收获了太多的感动。感动于我们这个团队在美育课程体系建设和课程开发研究道路上的执着追求和不断探索；感动于和我们并肩前行、可亲可敬的两位专家对整个项目的策划和丛书撰写提供反复、深入的指导；感动于暨南大学出版社阳翼社长和周玉宏、武艳飞主任，以及编辑老师们在书稿编辑过程中给予的耐心、细致的帮助。因编写需要，丛书大部分图片由视觉中国授权使用，其他图片由潘洁玉、武艳飞、刘蓓等提供。书中个别未联系到的图片作者请与出版社联系，以便支付薄酬，在此一并表示感谢。

我们坚信，美育不仅能够提升学生的审美情感和创造力，更是培养学生全面发展的重要途径。未来，我们将一如既往、继续努力，为教育界的同行提供更多有价值的经验和启示，共同推动新时代美育事业的发展。我们也清醒地认识到，由于我们的研究水平和实践能力有限，本套丛书还存在不足之处，有待进一步完善。因此，我们真诚地希望全国各地的教育工作者和读者在实际应用这套丛书的过程中，能够及时向我们反馈使用体验，提供宝贵的意见和建议，以便我们不断改进和完善，更好地服务于新时代学校美育实践的需要。

深圳市龙华区民治中学教育集团

2024年8月

97